AUGUSTINE BROHAN

Paris. — Typ. GAITTET et C., rue Git-le-Cœur, 7.

AG.^{ne} BROHAN

LES CONTEMPORAINS

AUGUSTINE
BROHAN

PAR

EUGÈNE DE MIRECOURT

PARIS
GUSTAVE HAVARD, ÉDITEUR
15, RUE GUÉNÉGAUD, 15
L'Auteur et l'Éditeur se réservent tous droits de reproduction.
1857

AUGUSTINE BROHAN

La reine des soubrettes est née rue Saint-Thomas-du-Louvre[1], dans le vieil hôtel Rambouillet, illustré, au dix-septième siècle, par la réunion de ces femmes adorables, dont vingt poëtes chantèrent le mérite et les grâces.

[1] Cette rue est entièrement démolie.

« O le bel endroit pour naître ! » s'exclamerait le feuilletoniste Janin.

Véritablement un pareil berceau doit porter bonheur.

Des ombres hospitalières, caressant la jeune fille du pan de leur robe flottante, ont été ses invisibles marraines. La noble marquise lui a donné sa bonté de cœur, mademoiselle de Scudéri sa verve piquante, et Julie d'Angennes sa beauté.

Bien plus, on affirme que Ninon de Lenclos, jadis habituée du lieu, s'est penchée vers Augustine enfant, et lui a dit à l'oreille :

« — Tu me ressembleras ! »

Néanmoins il nous est impossible de certifier d'une manière absolue ce dernier point d'histoire, très-rassurant sous le double rapport de l'esprit et de la grâce, mais qui nous inquiète au point de vue des faiblesses du cœur.

On n'a point oublié que Suzanne Brohan, mère d'Augustine, était une des plus charmantes actrices du théâtre parisien. Son père, noble irlandais, ayant pris du service en France, conquit sur les champs de bataille de l'Empire des lettres de naturalisation glorieuses.

Suzanne Brohan quitta la scène jeune encore.

Elle se retira dans une maison de campagne, bâtie à Fresnes-les-Rungis, sur l'ancien domaine du chancelier d'Aguesseau.

Là fut élevée sa fille Augustine, qu'on laissa jusqu'à l'âge de huit ans sauter et bondir comme une gazelle à l'ombre des grands arbres ou sur les vertes pelouses.

Quand l'heure sérieuse de l'étude sonna pour elle, on la fit revenir à Paris, et sa mère lui choisit pour précepteur l'abbé Paravey, l'un des vicaires de Saint-Eustache, excellent homme, qui eut très-souvent l'occasion d'exercer sa patience et son évangélique douceur avec le lutin gracieux confié à ses soins.

Augustine joignait une sensibilité profonde à une pétulance extrême.

Tantôt, docile et soumise, elle écoutait, tout émue, les pieux discours du bon abbé; tantôt mutine et folâtre, elle le déconcertait par de vives saillies ou par des répliques aussi spirituelles qu'irrespectueuses.

On la fit entrer à l'âge de dix ans au Conservatoire. Un arrêté du ministre venait d'inscrire la fille de Suzanne sur la liste des pensionnaires.

Le professeur d'Augustine lui reconnut des dispositions rares.

Mais notre jeune élève qui, sous la tutelle du vicaire de Saint-Eustache, déployait des instincts de comédienne, s'avisa tout à coup d'être dévote au Conservatoire. Laissant de côté les *Rosine* et les *Marinette*, elle s'abandonnait à des rêves pieux, et lisait en pleine classe de Samson des livres ascétiques.

Augustine entrait alors dans sa treizième année.

Déjà ses compagnes se montraient coquettes et songeaient beaucoup à la parure; mais elle ne suivait point leur exemple et méprisait tous les goûts mondains.

Un jour, Samson lui dit :

— Vous allez bientôt concourir, mademoiselle. Approchez; venez réciter vos rôles.

Augustine se lève d'un air assez maussade et se place devant la chaire.

— Eh! bon Dieu, quelle tenue! s'écrie le professeur. On dirait d'un garçon. Qu'est-ce que vous avez dans vos poches?

— Rien, je n'ai rien, balbutie la jeune élève confuse.

— Comment, rien? c'est incroyable, elles sont énormes!

Il fait un signe à Berton qui se trouve

à côté d'Augustine pour lui donner la réplique. Berton la fouille et retire des poches de sa robe quatorze poupées à ressort, habillées en religieuses.

Toute la classe part d'un éclat de rire. Le professeur mécontent dit à la jeune fille :

— Mademoiselle, vous n'avez aucune vocation pour le théâtre. On vous renverra chez votre mère.

Le surlendemain, toutefois, il se ravise et lui fait réciter ses rôles, qu'elle débite avec beaucoup de verve et d'intelligence.

— A la bonne heure, vous avez travaillé, dit Samson.

— Moi ? par exemple ! je n'ai pas même

lu la brochure, répond Augustine d'un air dégagé.

— Vous n'avez pas lu la brochure.... Quel est donc ce livre que vous tenez entre les mains?

Il le lui fait prendre, l'ouvre, et tombe des nues, en voyant, au lieu d'un tome des œuvres de Molière, l'*Imitation de Jésus-Christ*.

— Pour le coup, c'est trop fort! dit Samson. Je vous exclus du concours, mademoiselle!

Chérubini parvint avec beaucoup de peine à faire rétracter au professeur cette sentence rigoureuse.

La jeune fille pardonnée remporta le second prix.

Au concours suivant, elle eut la première couronne, sans avoir travaillé plus que l'année précédente. Elle savait les rôles, pour les entendre répéter une seule fois pendant la classe, et consacrait le reste du temps à ses lectures favorites.

On conçoit que l'*Imitation de Jésus-Christ* ne lui donnait pas un goût bien décidé pour le théâtre.

Un beau jour elle disparaît et se réfugie dans un couvent de la rue du Bac.

Voilà tout Paris-artiste en émoi.

Sur la demande de Samson, la Comédie-Française accorde à Augustine ses débuts. Le savant professeur n'entend pas que le cloître lui ravisse ses élèves. On va trouver la jeune fille, on la sermonne, on fait briller à ses yeux un éclatant avenir ; sa mère pleure, et, moitié par séduction, moitié par force, on l'enlève au couvent pour l'amener rue Richelieu, où elle débute, à quatorze ans et demi, dans *Tartuffe* et dans *Les Rivaux d'eux-mêmes*.

Il est parfaitement démontré que la comédienne, sans toutes ces influences, serait aujourd'hui religieuse.

Arsène Houssaye raconte, dans une de ses préfaces, certaine anecdote dont nous lui laissons toute la responsabilité.

Une jeune épouse du Christ serait un jour entrée dans son cabinet de directeur, et lui aurait avoué, en rougissant, qu'elle songeait à quitter le service de Dieu pour les joies profanes de la scène.

« — Mademoiselle, lui dit le commissaire impérial, il y a au Théâtre-Français une actrice charmante et fantasque, un peu de Lavallière brouillé avec beaucoup de Ninon, une vraie fille de Molière qui aspire souvent à devenir une vraie fille de Dieu. Elle aussi veut être où elle n'est pas. Comme elle est au théâtre, elle veut aller au couvent; elle en sait d'ailleurs le chemin. Vous pouvez vous entendre, puisque les extrêmes se touchent.

« La religieuse alla voir la comédienne. Elles se confessèrent toutes les deux, ce qui fut un peu long.

« — Que vous êtes heureuse ! disait la religieuse à la comédienne, tout effrayée de son sacrilége.

« — Que vous êtes heureuse ! disait la comédienne à la religieuse : Dieu remplit votre cœur, les hommes ne remplissent jamais le nôtre, quel que soit leur nombre.

« La comédienne fut si éloquente à parler de Dieu, et la religieuse si pittoresque dans ses aspirations vers le théâtre, ses pompes et ses œuvres, que ni l'une ni l'autre ne furent convaincues. »

Nous écrivons l'histoire d'hier. Chacun peut se rappeler l'accueil enthousiaste fait par le public à la fille de Suzanne. On reconnut tout d'abord qu'elle héritait en plein des grâces et du talent maternels. Dans ses rôles de soubrette, elle joignait à une vivacité frétillante une sorte de pudeur naïve qui rendait ses joues écarlates, lorsqu'elle avait à débiter ces deux vers de Dorine :

> Et je vous verrais nu du haut jusques en bas,
> Que toute votre peau ne me tenterait pas.

Le parterre applaudissait au charmant embarras d'Augustine, et les bravos la faisaient rougir beaucoup plus encore.

Hélas ! on ne conserve pas longtemps au théâtre cette douce ingénuité !

Notre jeune actrice fut engagée, le soir même, à raison de mille écus d'appointements annuels. Enivrée de félicitations et d'hommages, elle ne songea plus au cloître.

Sa mémoire prodigieuse lui permit de rendre à la Comédie une infinité de services ; elle se pliait sans amour-propre aux besoins de l'administration.

Un soir, au moment de jouer *Phèdre*, Rachel apprend que la confidente d'Aricie, beauté plus que douteuse et talent plus que médiocre, s'est fait enlever.

On pouffe de rire au nez du régisseur qui apporte cette étrange nouvelle, et l'on déclare le cas invraisemblable

En attendant les bureaux s'ouvrent.

La salle se remplit de spectateurs, et cette malheureuse confidente persiste à ne point paraître.

Son enlèvement se confirme.

Que résoudre? Il est bien dur de restituer au public une recette de six mille francs.

Rachel supplie Augustine de lire le rôle.

— Y songez-vous? répond celle-ci. Et mes yeux?

Or, il faut l'annoncer à nos lecteurs, ces yeux, les plus grands et les plus beaux du monde, sont myopes au suprême degré, ce qui ne laisse pas d'être un grand charme à la ville, attendu que la comédienne, pour vous reconnaître, est obligée d'y regarder de fort près et de vous montrer dans tout son éclat sa gentille prunelle.

Mais, sous la rampe et devant le public, être obligée de se coller au nez une brochure, voilà qui devenait beaucoup moins gracieux.

— Je vais apprendre le rôle, dit-elle à la tragédienne.

— Vous n'avez que vingt minutes,

c'est impossible, ma chère, objecte mademoiselle Félix.

— Bah! pourquoi donc? réplique Augustine.

Sans plus de retard, elle prend la brochure, parcourt les vers, tout en s'affublant du costume de la confidente, arrive en scène, débite le rôle d'un bout à l'autre et ne bronche pas d'une syllabe.

Rachel et le caissier furent dans le ravissement.

A peine le Théâtre-Français avait-il eu le loisir d'apprécier l'intelligence et le mérite de mademoiselle Brohan, qu'il fut tout à coup menacé de la perdre. Une maladie étrange, inexplicable, vint arracher la jeune fille à l'étude de ses rôles.

Les plus célèbres médecins, consultés tour à tour, déclarent qu'Augustine a un commencement de cancer au sein droit.

On parle d'une opération terrible.

Afin de rendre cette opération moins dangereuse, on soumet l'actrice à un régime débilitant qui la réduit, au bout de six semaines, à un fort bel état de marasme.

Nos opérateurs, trouvant leur sujet assez maigre, se disposent à le mutiler sans le moindre scrupule.

Heureusement, ils ont l'idée de réclamer l'assistance de Ricord, qui les traite d'ignares, et d'un simple revers de bistouri, fait sortir une aiguille du sein de la malade en disant :

— Vous avez eu tort, chère belle, de

prendre ceci pour une pelote. Ne commettez plus de semblables erreurs.

Du premier coup d'œil l'adroit chirurgien devina la présence de cette aiguille, avalée par l'actrice, et qu'un phénomène bizarre de circulation avait amenée là.

Quinze jours après, Augustine, parfaitement guérie, jouait à Saint-Cloud devant Sa Majesté Louis-Philippe.

Or,—devons-nous le dire, et pourra-t-on jamais nous croire?—le roi citoyen, l'homme rangé, le respectable père de famille eut pendant huit jours la tête à l'envers après cette représentation. Constamment l'image de la sémillante Toinette du *Malade* lui trottait dans la cervelle.

Il s'oublia jusqu'à dire à la reine :

« — Comme elle a de beaux bras !
Vous savez, madame, que de beaux bras
annoncent d'autres charmes ? »

Marie-Amélie allait reprocher à son
époux l'inconvenance d'une telle admi-
ration, lorsque M. Guizot parut, ayant
sous le bras son portefeuille garni de
notes très sérieuses.

Il se mit en devoir de les communiquer au roi.

Louis-Philippe regarda d'un air dis-
trait les paperasses diplomatiques; puis,
au moment où son ministre cherchait à
le convaincre de la duplicité des cours
d'Allemagne, il s'écria tout à coup, en
se frappant le front :

« — Et comme elle entend Molière ! »

Ceci explique pourquoi la pièce du

Malade était si souvent réclamée à la cour. Notre soubrette y obtenait chaque fois un succès d'enthousiasme.

Un jour, elle se présente, en compagnie de madame Volnys, chez Cuvillier-Fleury, précepteur du duc d'Aumale, afin d'obtenir que le château prît quelques loges pour le bal des artistes.

A peine est-elle entrée dans le salon, que plusieurs enfants courent à sa rencontre en frappant des mains et en criant :

— Voilà Toinette ! voilà Toinette !..... Oh ! quel dommage ! elle n'a plus sa robe courte.

Le soir même Augustine expédia aux Tuileries une poupée colossale, habillée de son costume du *Malade imaginaire* au grand complet. Cette poupée faisait encore, en 1847, les délices des enfants de France.

Mademoiselle Brohan fut nommée sociétaire à la fin de l'année qui suivit ses débuts.

Non-seulement elle excellait dans les soubrettes, mais elle jouait les rôles de tenue avec une distinction merveilleuse. Jusqu'alors on n'avait pas eu d'exemple d'un talent plus flexible et plus varié.

Voici le titre des principales pièces dans lesquelles la jeune actrice a créé des rôles :

Oscar ou *le Mari qui trompe sa femme,* — *la Tutrice,* — *les Burgraves* (elle y jouait le page Lupus), — *l'Homme de bien,* — *le Dernier marquis,* — *Pascariel et Scaramouche* — *la Marinette,* —

les Amoureux, sans le savoir, — *le Testament de César*, — *la Vieillesse de Richelieu*, — *la Tour de Babel*, — *le Carrosse*, — *l'Ombre de Molière* (elle y remplissait le rôle de la muse comique, et Rachel celui de la muse tragique), — *le Château de cartes*, — *le Roi attend*, — *les Lundis de madame*, — *le Béarnais*, — *Don Guzman*, — *le Pour et le Contre*, et *le Songe d'une nuit d'hiver*, sans oublier *la Famille Poisson*, où elle se montra si délicieuse de naturel et de verve.

Augustine n'a pas créé, mais elle a transformé et rajeuni les rôles charmants du *Caprice*, — de *Mademoiselle de Belle-Isle*, — des *Demoiselles de Saint-Cyr*, — de la *Marquise de Senneterre* et du *Ma-*

riage de Figaro, qui n'eut jamais de plus vive et de plus spirituelle Suzanne.

Mais ce n'est pas la comédienne seule que nous avons à peindre.

On peut affirmer, sans craindre les contradicteurs, que mademoiselle Brohan est une des femmes les plus remarquables de notre époque.

Elle sème l'esprit partout.

Ses saillies heureuses courent le monde, et nous arrivons bien tard pour glaner dans cette moisson pétillante.

Un acteur, affligé d'un pied bot, se plaignait amèrement devant elle d'une infirmité qui entravait nécessairement sa marche dans la carrière.

— C'est vrai, dit Augustine. Pauvre

garçon! Quand vous aurez un pied dans la tombe, tâchez que ce soit celui-là!

M. Buloz, commissaire royal en 1845, rencontre, un soir, Brohan dans les corridors du théâtre.

— Ah! ma chère, dit-il, que je vous raconte une bonne bêtise?

Elle s'arrête, le regarde et répond avec le plus grand sérieux :

— Parlez!

Il est rare que l'esprit ne soit pas un peu méchant. Celui d'Augustine a quelquefois ce défaut. Apprenant un jour l'hymen de sa camarade Plessy avec M. Arnould, elle s'écrie :

— C'est impossible, ils ne sont pas mariés!

On lui proteste que l'affaire est conclue au civil comme à l'église.

— Taisez-vous, reprit-elle, j'y croirai seulement le jour où ils plaideront en séparation.

Sous le règne de Buloz, une actrice favorite était atteinte pour la deuxième ou troisième fois de l'une de ces indispositions, dont le terme connu prête à la médisance plus qu'à la pitié.

— Sait-on quel est le père? demande un curieux dans le cabinet de Verteuil.

— Non, dit Augustine; la justice informe.

Du reste, la spirituelle fille ne se ménage pas elle-même, et, répondant à un impertinent de ses amis qui lui adressait à brûle-pourpoint une question personnelle du même genre, bien qu'il sût à quoi s'en tenir :

— Mon Dieu ! je l'ignore absolument, dit-elle : j'ai la vue si basse !

Tout cet esprit n'a rien de commun avec les vulgarités du calembour, trop appréciées dans notre siècle. Quand mademoiselle Brohan descend au jeu de mot pur et simple, elle lui donne un cachet de finesse tout particulier.

— Votre sœur Magdeleine va donc se marier avec Bataille [1] ? lui demande, un jour, Arsène Houssaye.

— Non vraiment, dit Augustine, ils ont rompu [2].

Chanteur de l'Opéra-Comique.
[2] Quelques mois après, Magdeleine épousa M. Hchard.

— Par exemple! en êtes-vous sûre?

— Très-sûre. Elle ne veut plus de Bataille, puisqu'elle demeure à présent rue de la Paix!

En 1847, notre héroïne fit un voyage à Londres, où le prince Louis Bonaparte la reçut à merveille.

Invitée à dîner dans la Cité par le neveu de l'Empereur, elle trouve au nombre des convives une de ses anciennes connaissances de Paris, ce fameux comte d'Orsay, qui, après avoir dévoré plusieurs fortunes, venait, par une chance heureuse, d'hériter de cinquante mille livres de rente.

— A présent que vous voilà redevenu riche, mon cher comte, lui demande le prince, qu'allez-vous faire?

— Lui? dit Augustine : il fera des dettes.

Mademoiselle Brohan regagna la France à l'époque où le choléra sévissait avec le plus de rigueur.

Elle demeurait alors sur le boulevart Mont-Parnasse, et les habitants de ce quartier n'ont pas perdu le souvenir du dévouement surhumain dont elle donna la preuve. Non contente de verser tout ce qu'elle possédait en numéraire dans la caisse des ambulances, la charitable actrice alla s'asseoir au chevet des victimes du fléau, rivalisant d'héroïsme avec les filles de saint Vincent de Paul.

Augustine a un vrai cœur d'artiste et une âme de chrétienne, bien différente en cela d'une illustre sociétaire, sa camarade, qui vingt fois a refusé de jouer pour les pauvres.

L'esprit de bienfaisance a été jusqu'à rendre mademoiselle Brohan auteur.

Elle a écrit nombre de charmantes bluettes que ne désavoueraient pas nos premiers noms littéraires.

Sans avoir jamais eu l'idée de prendre la plume, il lui était arrivé fort souvent déjà de guider par d'excellents conseils beaucoup de jeunes fantaisistes, dont les œuvres enrichissent le répertoire moderne. M. Octave Feuillet, un de ses plus intimes amis, peut dire si nous renseignons mal nos lecteurs.

Vers 1847, on organisait une fête à l'hôtel Forbin-Janson, au profit des jeunes orphelins.

Sa majesté le roi des critiques, prié par les maîtres du logis de composer un acte pour la circonstance, hésita, balbutia et ne sut que répondre.

Ce grand pourfendeur des pièces d'autrui est parfaitement incapable d'agencer une scène, ce qui lui laisse beaucoup de loisir pour juger les auteurs dramatiques et leur donner sur le genre de savantes leçons.

Janin se trouvait donc fort mal à l'aise, lorsque heureusement Augustine parut.

— Tenez, s'écria-t-il, voici mademoiselle Brohan qui vous fera beaucoup mieux que moi et plus vite la pièce demandée!.... Ma chère, ajouta le gros être, en baisant la main de l'actrice, vous saurez que c'est pour une bonne œuvre.

— Ah! fit-elle... Eh bien, j'accepte!... au petit bonheur!

Deux jours après, les commissaires de la fête recevaient un délicieux proverbe qui a pour titre *Compter sans son hôte*.

La représentation de la bluette d'Augustine produisit onze mille francs, y compris le résultat de la vente du manuscrit imprimé.

Une bourse de velours à la main, madame de G*** se tenait, comme quêteuse, à la porte de la salle, afin de recueillir cette dernière recette.

Elle vit passer une dame fort élégante qui prit la brochure et donna son aumône.

— Un double louis! dit la quêteuse, interrogeant Augustine du regard, comme pour lui demander le nom de cette personne généreuse.

— Oh! ce n'est pas trop, répond Brohan; le cachemire qu'elle a sur les épaules vous coûte bien davantage!

C'était madame Doche.

M. de G*** se livrait alors à d'incroyables folies pour l'illustre dame aux camélias.

Augustine devint à la mode. Tous les salons, à l'envi l'un de l'autre, lui firent accueil. Elle était adulée, flattée, cajolée par les cercles aristocratiques. Duchesses, marquises ou comtesses, les plus nobles, les plus distinguées, les plus fières, tenaient à honneur de se montrer partout avec elle.

Jalouse des prémices accordées à l'hôtel Forbin-Janson, madame de Castellane voulut à son tour avoir un proverbe d'Augustine, et Paris élégant courut applaudir *les Métamorphoses de l'Amour*, dans cette jolie salle du faubourg Saint-Honoré, dont chaque recette tombe sur les pauvres en pluie d'or.

L'année suivante, la baronne de Paraza, voulant doter d'une église les habitants d'un hameau perdu de la Touraine, eut également recours à la plume de l'actrice.

Quitte ou Double, petit drame allemand rempli de verve, joué dans le salon de la baronne, obtint un succès merveilleux. On loua jusqu'à cinq cents francs un simple fauteuil de spectateur, et nos bons Tourangeaux eurent leur temple, grâce à la pièce de mademoiselle Brohan.

Le théâtre a bâti l'église.

Au nombre de ses œuvres littéraires, Augustine ne compte pas seulement des comédies et des proverbes. Dans les heures paisibles de l'intimité, dans le calme de la famille, souvent elle rédige de petits poëmes, de fines et piquantes nouvelles, des fables, des allégories, des contes pleins d'une originalité gracieuse.

Nous avons lu quelques-unes de ces improvisations charmantes, jetées au hasard sur l'album d'un ami.

On nous permet d'en extraire quelques passages. Écoutez :

« J'étais triste et seule.

« Un jour que je dormais sans sommeil et que je rêvais sans rêve, un spectre habillé de gris des pieds à la tête, le visage placide et les yeux sans couleur, vint ouvrir ma porte.

« D'une voix lente et monotone, il me demanda s'il fallait entrer, je lui fis signe que oui.

« A peine eut-il franchi mon seuil, que je vis un autre spectre noir, au visage blême, se glisser par la porte ouverte et s'enfuir. Je le reconnus. Depuis longtemps il habitait avec moi ; c'était l'Ennui.

« — Bon voyage ! criai-je, en riant.

« Et j'allai au devant du spectre gris, lui faisant bon accueil et cordiale hospitalité.

« Je suis l'Habitude, me dit-il. Veux-tu de moi ici ?

« — Oui-da, et vite, répondis-je.

« Sans plus attendre, elle prit place à mon

foyer. Je m'accoutumai à elle, et même la pris en amitié. Elle était de douce compagnie et d'humeur égale. Nous vivions heureuses, lorsqu'un jour, au moment où nous causions ensemble, ma fenêtre vola en éclats, et l'Amour, qui voltigeait au dehors, entra bruyamment en cassant les vitres avec ses ailes.

« Je courus après lui, le recueillis dans mon sein, le réchauffai de mes baisers et l'abritai à mon foyer. Bientôt nous devînmes bons amis. Il m'apprit à parler comme lui, je lui appris à parler comme moi; et déjà nous nous entendions, quand l'Habitude vint à se lamenter.

« — Ne m'as-tu donc fait accueil que pour me chasser, ingrate? me dit-elle. Que veut cet enfant étourdi? Ne sais-tu pas que ses flèches blessent mortellement et qu'il tire au hasard? De quoi s'avise-t-il? n'étions-nous pas heureuses?

« Je suivis l'Amour qui voulut quitter la maison; mais l'Habitude me suivit, et je n'osai plus tourner la tête... »

Notre cadre restreint ne nous permet pas de citer entièrement cette bluette délicieuse. Nous en avons une autre sous les yeux qui a pour titre *la Fiancée,* et dont le style a plus de fraîcheur encore et plus de grâce.

« Je veux pleurer auprès du petit enfant de ma sœur.

« Viens, que je te berce, enfant.

« Il est un petit enfant que j'aime.

« Si j'étais un oiseau, je m'en irais joyeusement voltiger autour de son berceau.

« Si j'étais une fleur, je voudrais être cueillie de sa petite main rose.

« Et si j'étais la fée, la fée qui veille sur lui, je le prendrais dans mon voile blanc pour l'endormir sous mes baisers.

« Ce petit enfant, ce petit enfant que j'aime. »

Un jour, il faut l'espérer, la modestie de l'actrice permettra d'imprimer ces inspirations de sa muse légère [1]. Jusqu'alors elle s'est montrée, sur ce point, parfaitement intraitable, et la publicité ne la séduit en aucune sorte. Pendant des mois entiers, la Comédie-Française lui demanda vainement l'autorisation de jouer un de ses proverbes.

---

[1] Mademoiselle Brohan excelle surtout dans le genre épistolaire, et nombre de lettres piquantes, écrites de sa main, courent le monde. Nous avons pu en arrêter une au passage.

« L'amour est le plus charmant des rêves ; mais, monsieur, outre que je rêve peu, vous êtes marié : — ne le saviez-vous pas ?

« J'aime mieux rire de vos poursuites que de m'en trouver offensée ; je dois à notre amie de vous éconduire poliment. Or, je veux bien discuter avec vous. Le rôle de maîtresse est en général blessant ; mais enfin, comme il réserve intacte la chère et indispensable liberté, il faut bien parfois s'y résoudre. Mais, monsieur, être la maîtresse d'un homme marié, peut-on bien y penser de sang-froid ? — Partager ! — quel hor-

— Vous ne la déciderez, dit Verteuil au directeur, qu'en la mettant en face d'un acte de dévouement ou de bienfaisance. Elle y tombera comme dans un piége.

Buloz appela, le lendemain, la jeune sociétaire.

rible socialisme ! — Je ne vous parle pas de mille détails repoussants; j'admets, pour vous plaire, qu'un homme ait de l'estime pour sa légitime moitié et de l'amour pour sa maîtresse, — cela se peut, cela s'est vu. Mais, monsieur, quand bien même votre muse amoureuse vous inspirerait les plus grandes folies du monde, votre ménage est là qui, tôt ou tard, vous fera rentrer au gîte. C'est bien pour la maîtresse qu'on se lève de bonne heure, qu'on court, qu'on s'attarde, et tout cela est charmant, jusqu'au jour où le temps pluvieux fait préférer le foyer à la rue, le dîner à l'amour; — car il faut revenir au vrai, il le faut. Vous aurez pour vous y forcer votre bon sens, votre bon cœur... et votre estomac. Je vous fais grâce des enfants et des accès de goutte. »

— Voyons, lui dit-il, permettez-nous une représentation de *Compter sans son hôte,* une seule?

— Non, répondit Brohan, mille fois non! Je ne veux pas m'exposer à la jalousie des auteurs et à la méchanceté des critiques. Ils disent déjà que je me fais des rôles.

— Mais nous voulons votre proverbe pour un bénéfice, ma chère.

— Ah!...

— Delphine Mante, vous le savez, reste sans fortune après la mort de sa sœur...

— Il s'agit du bénéfice de Delphine? Prenez ma pièce, alors, et donnez le rôle à madame Allan.

Satisfait de cette première concession,

Buloz ne demanda rien de plus ce jour-là; mais vers la fin de la semaine, il dit à Augustine :

— Quel dommage!... Si vous consentiez à jouer vous-même, on triplerait la recette.....

— Vous êtes fou, Buloz!

— Non, certes. Toute la curiosité du public se portera de ce côté. Voyez ce que vous avez à faire.

— Je jouerai, dit-elle.

Et voilà comment, le 1er mai 1849, nous avons pu applaudir mademoiselle Brohan comme actrice et comme auteur.[1]

---

[1] On nous reprochera peut-être de ne pas insister davantage sur le talent d'Augustine, au théâtre. Les jours où son nom se trouve sur l'affiche, on voit certain banc de l'orchestre se remplir de vieillards qui ont l'air de ressusciter, et qu'on ne voit que

Mais le succès qu'elle obtint ne la fit point revenir sur la ferme détermination qu'elle avait prise de ne pas laisser représenter une seconde fois *Compter sans son hôte*. Ni les prières de Buloz, ni celles de ses successeurs ne purent la fléchir.

Dès que l'administration lui parle de ses œuvres, elle s'écrie :

— Allons donc! j'ai trop de talent pour jouer de si mauvaises pièces!

Elle fut la première à conseiller de

ces jours-là. Le fait nous semble très-caractéristique. Il y a chez mademoiselle Brohan des qualités sérieuses et une science des traditions que sa mère ne possédait pas à un aussi haut degré, et que sa sœur jusqu'ici n'a point conquises. Un seul mot peint le talent de notre héroïne, et, ce mot, nous l'avons entendu répéter plus d'une fois : c'est que Molière aurait beaucoup de peine à se passer d'elle.

mettre à l'étude les proverbes d'Alfred de Musset. Le rôle du *Caprice* lui était promis, et déjà les répétitions commençaient avec Anaïs et Maillart, lorsque mademoiselle Judith, toute-puissante sous la direction Buloz, fit changer la distribution de la pièce, prenant pour elle le rôle d'Anaïs, donnant celui de Maillart à Brindeau, et celui d'Augustine à madame Allan, qui arrivait de Saint-Pétersbourg.

Cette victoire coûta cher à Judith et à sa protégée.

Augustine se vengea du passe-droit par un déluge de traits satiriques. Elle demandait à chaque instant à ces dames l'adresse de leur dentiste et faisait des râteliers de celui-ci l'éloge le plus pompeux.

Voyant madame Allan causer avec Judith, dans un coin des coulisses, elle s'écria :

— Je gage qu'elles échangent une dent contre moi !

C'était un feu roulant quotidien.

— De quoi parlez-vous? demandait-elle, un soir, à Ravergie et à Provost, les deux causeurs les plus intrépides du foyer.

— Nous parlons de la création du monde, répondirent-ils.

— Je n'y étais pas. Voyez madame Allan ! dit Augustine.

Encore aujourd'hui, quand son fils

Maurice, âgé de vingt-sept mois [1], n'a pas été sage, elle le menace de lui faire faire le tour de l'actrice russe.

L'enfant jette les hauts cris et pleure toutes ses larmes, tant la perspective l'épouvante.

On se vengeait d'Augustine en la vouant à mille taquineries administratives. Ce fut ainsi qu'on lui infligea

---

[1] Cet enfant, dans l'intimité du cercle de la comédienne, a reçu, nous ne savons pourquoi, le bizarre surnom de *Machino*. Nous signalons le fait pour expliquer l'autographe qui termine ce volume, et qu'un de nos souscripteurs a bien voulu nous communiquer. Le même souscripteur nous donne dans sa lettre les détails que voici :

« Mademoiselle Brohan adore les enfants. Elle en a espéré un toute sa vie, et la naissance de Maurice a été pour elle un bonheur suprême. Vingt fois je l'ai entendu dire : — « Je donnerais tout ce que je possède, et monsieur son père, pour avoir un fils. »

cent francs d'amende pour n'avoir pas paru un dimanche gras, dans la cérémonie du *Malade*, à laquelle toute la troupe est tenue d'assister.

Le mardi suivant même spectacle, terminé par la même cérémonie.

Augustine, après avoir joué *Toinette*, rentre dans sa loge, reprend son costume de ville, descend au cabinet de Buloz, tire sa bourse et lui compte gravement dix louis.

— Je pense, dit-elle, que cette fois ce doit être le double.... Bonsoir !

Pendant l'été de 1850, mademoiselle Brohan demanda un congé de six mois et alla donner quelques représentations à Bordeaux.

Radieuse de jeunesse et de beauté, régnant sur les esprits comme sur les cœurs, elle reçut dans cette ville des hommages infinis et des marques d'adoration à rendre une déesse jalouse. Chaque soir c'était une nouvelle fête, un nouveau bal, un nouveau festin. La plus haute société briguait l'honneur de lui faire accueil.

Invitée à dîner par le roi d'Aquitaine [1], Augustine se rendit à l'invitation.

Avant d'arriver au seuil du logis splendide où l'attend son hôte, elle traverse une avenue admirablement sablée.

[1] On surnommait ainsi M. Dufour, armateur excessivement riche.

Tout à coup elle s'aperçoit qu'on la laisse marcher seule et que la compagnie s'écarte.

Surprise, elle se retourne.

Derrière elle, trois domestiques en livrée enferment sous une grille, par ordre du maître, chacun des pas que ses pieds mignons impriment sur le sable.

Ceci était de l'idolâtrie au premier chef.

Augustine devait quitter Bordeaux le lendemain.

Quand elle se leva de table, toutes les coupes furent brisées, et les convives cassèrent le grand ressort de leurs montres, comme si, après le départ de la charmante actrice, elles ne devaient plus marquer l'heure d'une joie, ni signaler l'instant d'un plaisir.

On avouera que messieurs les Bordelais sont passés maîtres en matière de galanterie.

Mademoiselle Brohan quitta les bords de la Gironde pour aller se faire applaudir au delà des Alpes.

A Turin, la noblesse italienne se montra plus prodigue encore d'enthousiasme, s'il est possible, que messieurs les négociants de Bordeaux. Les ovations de la scène provoquaient à la ville des triomphes aussi flatteurs.

Dans une ascension au Mont-Cenis, nous voyons Augustine courir un danger fort grave.

Refusant de marcher sur la route grande et belle qui mène au sommet, elle s'obstine à monter à pic, en dépit des observations de ses amis de voyage. Aucun d'eux n'ose la suivre, et l'imprudente comédienne se trouve bientôt sur un escarpement terrible, où le vertige commence à la saisir.

Une vache est en train de paître au bord de l'abîme.

Augustine retrouve du sang-froid et s'élance sur le dos de l'animal, qui l'emporte avec elle au travers des précipices.

La vache a le pied ferme ; elle ne bronche pas, et l'actrice, cramponnée à ses cornes, arrive saine et sauve à la cime de la montagne, où elle retrouve ses compagnons épouvantés de son audace.

Or, ceci est de la témérité pure ; mais bientôt notre héroïne donne une preuve de véritable courage.

A la fin de la semaine suivante, elle traverse la vallée de Saint-Jean de Maurienne, avec sa cousine qui, depuis Paris, l'accompagne. Ces dames ont pour chevaliers le marquis de Saint Marsan et deux comtes italiens.

L'obscurité tombe.

Nos voyageurs hument avec délice le frais aux portières, quand soudain plusieurs bandits se montrent à un détour de la route.

Devant leurs carabines le postillon s'arrête.

M. de Saint-Marsan et les Italiens s'élancent hors de la berline. Ils ont des armes. En les voyant le pistolet au poing, les bandits se décident à entrer en pourparler.

Mademoiselle Brohan tremble qu'au milieu des ténèbres ses défenseurs ne soient victimes d'une surprise.

Elle allume du papier dans le creux de sa main pour éclairer la scène, le renouvelle à mesure qu'il menace de s'éteindre et lutte avec une héroïque intrépidité contre la douleur.

Les brigands intimidés disparaissent.

Mais Augustine a la peau de la main gauche complétement rôtie.

Depuis Mucius Scévola, rien de semblable n'avait eu lieu.

A l'expiration de son congé, mademoiselle Brohan vint reprendre à la Comédie-Française le cours de ses représentations; mais elle fut presque aussitôt forcée de les interrompre.

Les symptômes d'un mal effrayant se manifestèrent chez la comédienne.

Après avoir allumé tant de cœurs, ses yeux, ses beaux yeux menaçaient de s'éteindre. Un nuage sombre voilait cette paire d'étoiles, et le bruit se répandit qu'Augustine devenait aveugle.

D'abord on n'en voulut rien croire.

On s'imagina qu'il y avait là-dessous quelque amour, jaloux du public, et qui retenait son idole en chartre privée.

Malheureusement, la maladie était trop

certaine, les médecins vinrent la confirmer par leur témoignage.

Menacée, si jeune encore, d'un accident sinistre, Brohan conservait néanmoins toute sa gaieté, de façon que les incrédules n'en voulaient pas démordre, surtout mademoiselle N***, qui, saluée un soir par la malade, s'écria d'une voix aigre-douce :

— Ah ! vous y voyez donc, vous me reconnaissez ?

— Non, ma chère, dit Augustine, je vous sens.

Les petits journaux ont vécu et vivent encore sur les mots qu'ils empruntent à la spirituelle actrice.

Nous connaissons un adroit rédacteur qui, dans ses jours de pénurie, va causer dix minutes avec elle, prend des notes et rapporte au grand complet son numéro du lendemain.

C'est à mademoiselle Brohan qu'on a volé ce mot célèbre :

« — J'aime mieux prêter au ridicule qu'à Alexandre Dumas. »

Visitez-la chez elle, abordez-la dans une promenade; faites-la causer le matin, à midi ou le soir; essayez de l'interroger à l'improviste, elle vous répondra toujours par un trait joyeux, par une saillie désopilante.

Son médecin la rencontre au Palais-Royal, galerie de Valois, dans un état de grossesse fort avancée.

— Quelle imprudence ! s'écrie-t-il, je vous avais défendu de sortir.

— Ne me grondez pas, docteur, répond-elle ; je vais chez Séraphin, pour amuser cet enfant.

Certain ministre qui, sous la république, avait fort compromis les finances parlait devant elle avec amertume des événements de décembre.

— Ah ! que voulez-vous, mon cher ? dit Augustine : l'Empire c'est la paye !

Nous en passons, et des meilleurs.

Levassor, à l'époque où les tables et les guéridons conversaient avec les hommes, assurait, au foyer de la Comédie, qu'il avait eu avec une table de sa connaissance un entretien du plus vif intérêt.

— Je lui ai demandé, disait-il, quelle est la forme de gouvernement la plus sage; elle m'a répondu sans hésiter : « — La république. — Alors, objectai-je, pourquoi Napoléon est-il devenu empereur? — Parce que, reprit-elle, c'est le premier de tous les républicains. »

— Bon! je vois l'affaire, dit Augustine, c'est quelque table à laquelle on aura promis une sous-préfecture!

Mademoiselle Brohan tranche de l'esprit fort, et la crédulité n'est pas dans son caractère; cependant elle affirme parfois avec le plus grand sérieux qu'elle est douée de seconde vue.

Elle cite même à cette occasion des anecdotes étranges.

Pendant son séjour à Turin, le comte Nani, voyant qu'elle n'avait dans la science de Mesmer aucune confiance, essaya de l'endormir, et y réussit, au bout de quelques passes.

— Vous êtes lucide, belle dame, dit-il, après avoir secoué du front de son sujet les pavots magnétiques.

Augustine se moqua de lui.

Le lendemain, dans une promenade sous un bois d'orangers, elle interrompit la conversation pour s'écrier, sans tourner la tête :

— Eh! voici le comte derrière nous!

Faisant alors volte-face, elle regarde et ne voit personne à cause de la myopie qui l'afflige; mais ses compagnons signalent effectivement à cent pas de distance le magnétiseur, qui s'approche et dit :

— C'est par un acte de ma volonté, mademoiselle, que vous m'avez aperçu sans le secours de vos yeux.

Augustine se trouva mal de saisissement.

Lors des fêtes militaires de Satory, la seconde vue dont il est question se révéla d'une façon plus étrange encore, et la clairvoyante actrice annonça l'Empire.

Jugez du miracle!

Voyant un régiment de carabiniers qui venait à elle au galop, mademoiselle Brohan se sauve, et laisse tomber dans sa fuite un mouchoir de dentelles de Flandre.

— Si on le ramasse avant le sixième escadron, dit-elle à ceux qui l'accompagnent, c'en est fait de la république.

Avant le cinquième, un galant officier le lui rapporte au bout de son sabre, et notre héroïne de crier :

— Vive l'Empereur !

Mais voici le fait le plus extraordinaire.

Il n'est pas seulement raconté par la comédienne ; le duc de Richelieu et l'auteur de la *Ciguë* vous le certifieront, si bon vous semble.

C'était à une première représentation au Théâtre-Français.

Émile Augier, braquant sa lorgnette sur une loge de la galerie, dit à Brohan :

— Voilà Chaudesaigues.

— Hein?..... Chaudesaigues! répond Augustine. Est-ce qu'il n'est pas mort?

Lorgnant à son tour, elle ajoute :

— Oui, c'est bien Chaudesaigues.

Moins de deux heures après, celui qui avait été l'occasion de ce dialogue rentrait dans sa pauvre mansarde d'homme de lettres et mourait de mort subite.

Si vous pouvez expliquer cela, vous nous surprendrez beaucoup; mais, en vérité, la chose eut lieu comme nous venons de le dire [1].

[1] Madame de P*** cite un quatrième fait dont elle a été témoin. Se trouvant avec Augustine à Ville-d'Avray, celle-ci lui dit tout à coup : — Retournons à Paris, je joue ce soir. — Vous vous trompez, ma chère; l'affiche annonce *Adrienne Lecouvreur*, je l'ai

Depuis le dépérissement de son organe visuel, Brohan transforme ses adorateurs en autant de secrétaires intimes, et leur dicte.... Que leur dicte-t-elle? ses *Mémoires?* non certes. Elle n'est pas assez prétentieuse pour donner dans les travers d'Alexandre Dumas et de madame Sand. Notre héroïne dicte tout simplement ses souvenirs, qui paraîtront sous ce titre curieux : *Historiettes d'Augustine Brohan.* Dès aujourd'hui nous devinons ce que cela peut être, avec l'es-

vu de mes propres yeux ; c'est à coup sûr une représentation de Rachel, répond madame de P***. La comédienne insiste; on part. A leur arrivée à Paris, elles trouvent l'affiche d'*Adrienne* remplacée par celle du *Mariage de Figaro*, avec Augustine dans le rôle de Suzanne. Rachel venait de partir à l'improviste pour le midi de la France, où sa sœur Rebecca demandait à l'embrasser avant de mourir.

prit fin, délicat, la verve maligne et les relations connues de cette autre Sophie Arnould.

Tallemant des Réaux rentrera sous terre.

Mademoiselle Brohan sait par cœur tout son siècle. Elle est étroitement liée avec les plus hauts personnages, avec les femmes de la plus incontestable distinction.

Tous les jours on la rencontre à la promenade avec la princesse de la Trémouille, et les binocles braqués, aux Italiens, sur les loges et les avant-scènes, aperçoivent très-souvent Augustine à côté de la marquise de Caraï.

Parmi les nombreux adorateurs de mademoiselle Brohan, nous devons citer

Émile Augier, le marquis de Saint-Marsan, le comte Waleski et Octave Feuillet.

Ce fut le petit-fils de Pigault-Lebrun qui se montra le plus enthousiaste en matière de sentiment.

Mais Augustine a des délicatesses de femme bien élevée que ces messieurs se refusent trop souvent à comprendre.

L'auteur de *la Ciguë* consomme par jour une quantité de cigares prodigieuse.

Il fumait jusque dans le salon de l'actrice qui trouvait la chose d'une bienséance médiocre. Sans lui adresser là-dessus de reproche direct, elle cherchait à le convaincre que le tabac nuisait beaucoup à la santé.

— Bah! s'écria le partisan du cigare,

mon père à soixante ans et il fume sans cesse.

— Eh bien ! s'il n'avait pas fumé, dit Augustine, il en aurait soixante-dix !

A la Comédie-Française beaucoup de ces dames s'occupent à trouver des ridicules extérieurs et des défauts physiques à l'homme qu'elles n'ont pas.

Mademoiselle Judith, un jour, dit à Brohan :

— Je viens de rencontrer Augier sur le pont Royal. Pourquoi donc a-t-il ainsi le nez de travers ?

— Lui ! repart Augustine. Je ne m'en suis pas encore aperçue. C'est peut-être le vent.

Généreuse, bonne, dévouée, sensible,

mademoiselle Brohan sauve les situations exceptionnelles par une dignité de conduite qui permet au moraliste le plus rigide de fermer les yeux et de ne rien voir[1].

Sa sœur Madeleine, élève particulière de Samson, continue à la Comédie-Française les traditions de tenue parfaite, d'élégance exquise et de diction pure,

---

[1] Elle pousse cette dignité personnelle jusqu'à l'excès, ne voulant pas même être suspectée en ce qui touche le désintéressement. Beaucoup de ses amis savent qu'elle a refusé des millions. Quand le théâtre la laisse libre, au lieu d'aller péniblement recommencer le *Roman comique* à l'instar des tragédiennes de ce temps-ci, Augustine voyage, visite les montagnes et chevauche comme la plus intrépide des amazones. Elle se lève à six heures du matin, et fait presque toujours à pied le trajet de Paris à Neuilly, où elle a la maison de campagne.

que lui ont transmises sa mère et Augustine. On dit les trois Brohan, comme on dit les trois Grâces.

Outre Madeleine, l'héroïne de ce petit livre a deux sœurs jumelles, qu'elle a dotées de sa bourse, et qui l'une et l'autre ont été mariées, le même jour, dans la petite église de Fresnes-les-Rungis.

Mademoiselle Brohan reçoit tous les jeudis.

Ses réunions sont charmantes. On y fait de la musique, et surtout on s'y livre à ce joyeux esprit de conversation, qui tend de plus en plus chaque jour à s'effacer de nos mœurs, et qui est cependant un des traits les plus distinctifs de notre caractère national.

N'est pas admis qui veut chez Augustine. On n'y trouve aucune femme de théâtre, il n'y a que des femmes du monde.

Quelqu'un disait à Rachel en présence de Brohan :

— Pourquoi n'étiez-vous pas hier rue Mondovi? La fête était superbe.

— Mon Dieu, répondit Hermione, dont l'orgueil souffrait beaucoup de laisser voir qu'elle n'avait point été invitée, j'étais en proie à une migraine affreuse, et je n'ai pu m'y rendre.

— Ah! ma bonne amie, dit Augustine, si j'avais pu croire que vous consentiriez à nous déclamer quelque chose..... Mais vous prenez si cher!

Elle faisait allusion à un bénéfice qu'on avait essayé d'organiser en faveur de Suzanne Brohan[1].

Rachel ayant demandé mille écus pour jouer un acte de *Phèdre*, le bénéfice n'eut pas lieu.

Mademoiselle Félix a une peur terrible de l'esprit de sa camarade.

Il lui revint, un jour, aux oreilles un mot très-alarmant.

Léopold Lehon, se trouvant chez Augustine, abrégea tout à coup sa visite et prit son chapeau pour sortir.

— Eh! dit Brohan, vous me quittez. Où allez-vous?

---

[1] C'était un droit acquis à la mère d'Augustine par vingt années de service au théâtre.

— Je vais chez Rachel.

— C'est juste... aujourd'hui vendredi, vous faites maigre !

Afin de ne plus être exposée aux traits malins dont est rempli le carquois d'Augustine, Hermione essaya de se lier avec la comédienne et voulut devenir son amie. Elle lui demandait perpétuellement des conseils, la prenait pour confidente et la suppliait à chaque instant de lui dicter ses lettres.

On sait que mademoiselle Félix est entièrement dépourvue d'orthographe.

— Dis-moi, Titine, demanda-t-elle un jour, est-ce que *Jockey* prend un *q*?

— Oui, certes, répond sans sourciller sa moqueuse amie. Comment monterait-il à cheval?

Et la confiante Hermione d'écrire le mot avec la consonne saugrenue.

Nos actrices vivaient en paix ; le comte Waleski survint....

Et voilà la guerre allumée!

Sachant qu'on lui fait l'injure de donner la préférence aux charmes de mademoiselle Brohan, Rachel furibonde arrive à la Comédie-Française avec un pistolet.

— Si tu veux me tuer, dit Augustine, prends au moins un poignard, c'est plus classique.

Aussitôt elle lui offre un délicieux petit poignard catalan, garni de perles et de rubis, dont l'un des auteurs de

Madame de Tencin lui avait fait présent la veille, ce qui prouve qu'elle tenait médiocrement au cadeau.

Rachel fut désarmée.

Quelques semaines plus tard, elles se retrouvèrent l'une et l'autre à un dîner chez le duc de Richelieu.

Soit que mademoiselle Félix gardât toujours rancune à sa rivale, soit qu'elle fût malade, elle ne fit point honneur au repas et ne voulut rien boire.

— Au moins un verre de Porto? dit le duc, insistant pour la troisième ou quatrième fois.

— Eh bien, j'y consens, dit Rachel, à condition que je garderai la timbale.

On buvait dans de petites timbales

en vermeil, d'une forme extrêmement élégante.

— Vraiment oui, qu'à cela ne tienne! répond M. de Richelieu.

Dès lors, et à la même condition, Rachel consent à boire de tout, du Xerès, de l'Alicante, du Johannisberg.

Bref, elle emporte six ou huit timbales.

Mademoiselle Brohan, nous devons le dire, n'a jamais pu éprouver une affection bien vive pour l'illustre tragédienne. Celle-ci la rendait victime comme les autres de cette personnalité odieuse qui ne souffre à côté d'elle aucun triomphe. Quand Augustine avait un succès dans une pièce, Rachel faisait au plus vite enlever cette pièce du répertoire.

Et puis Brohan, généreuse comme une reine, n'aime pas la lésinerie et repousse les gens affectés d'instincts cupides.

Au mois de février 1848, quand la peur ou l'égoïsme fermaient toutes les bourses, Augustine se hâta d'envoyer une somme de cinq cents francs à la caisse de secours des artistes dramatiques.

Nous pouvons citer de notre héroïne une quantité prodigieuse de traits de bienfaisance et de dévouement, plus admirables les uns que les autres [1].

---

[1] On assure que M. Jules Barbier peut seul expliquer le motif de certain voyage à Londres, où il eut

Elle reçoit par jour quinze ou vingt lettres de pauvres comédiens, et jamais il ne lui arrive de répondre par un refus. L'année dernière, elle a acheté une maison de campagne tout exprès pour y installer sa nourrice et son père nourricier, tous deux fort avancés en âge et sans fortune.

Ses domestiques l'adorent.

Ils sont depuis douze ans à son ser-

à accomplir, de la part d'Augustine, auprès des princes, une mission qui fait le plus grand honneur au caractère de l'actrice. Mademoiselle Brohan l'attendait à Boulogne. Pour charmer les ennuis de l'attente, elle s'occupait à broder; mais ses aiguilles étaient détestables et cassaient à chaque minute. Perdant tout à coup patience, elle prend le paquebot, traverse elle-même le détroit, achète des aiguilles anglaises dans un magasin de Piccadilly, et revient par la marée suivante reprendre son travail interrompu.

vice, et ils se précipiteraient pour elle dans les flammes sur un signe. François, son valet de chambre, est un vrai caniche fait homme.

Une jeune personne arrive un jour tout en pleurs dans l'appartement de la rue Mondovi.

L'infortunée est sur le point d'être mère.

Elle assure que sa famille la tuera, si l'on apprend son déshonneur, et déclare qu'elle veut se jeter à la Seine.

Brohan fait venir une voiture, conduit la triste fille chez un médecin, paye tous les frais de couche, et déclare qu'elle prendra soin de l'enfant, qui reste encore aujourd'hui à sa charge.

De semblables actes n'ont pas besoin de commentaires.

Un ex-directeur des Beaux-Arts, Garraud, se trouve compromis aux journées de Juin.

Le conseil de guerre l'envoie sur les pontons.

Mademoiselle Rachel connaissait fort intimement le condamné. On la supplie de faire une démarche en sa faveur, elle refuse. La famille de Garraud s'adresse à Brohan, qui frappe chez tous les ministres et ne leur donne ni repos ni trêve que la grâce du malheureux ne soit signée.

Les intimes de l'ancien directeur des Beaux-Arts se sont cotisés pour offrir à sa protectrice une fort jolie bague avec cette légende :

« *Les amis de Garraud à Augustine.* »

Précédemment nous avons dit qu'elle avait l'âme d'une chrétienne; on nous rapporte un fait qui vient à l'appui de nos paroles.

C'était l'an dernier, pendant la troisième et sinistre invasion du choléra. La courageuse actrice passa quarante-huit heures au chevet d'un jeune Américain, auquel elle était unie par un intérêt tendre, et que l'épidémie venait de frapper.

Son dévouement, se trouvant inutile

pour le salut du corps, elle appela un prêtre, et décida le moribond, qui était de la religion protestante, à se convertir au catholicisme.

Le clergé de Paris s'émut de cette conversion, et adressa des remercîments à notre héroïne

Au reste, les prêtres de sa paroisse connaissent de longue date la bonté de son cœur et lui servent d'intermédiaires pour accomplir des œuvres de charité. L'abbé Deguerry, de la Madeleine, et l'abbé Guille, aumônier de l'un de nos hospices, savent mieux que personne que les revenus de la comédienne sont les revenus des pauvres.

Mademoiselle Brohan témoigne à ces deux prêtres les plus grands égards.

Ils l'ont suppliée de ne plus jouer *Tartuffe*; elle leur a promis de renoncer à ce rôle.

Jusqu'à présent elle a tenu parole.

Une femme est sauvée partout et quand même, lorsqu'elle réunit, comme Augustine, les plus merveilleuses qualités du cœur aux plus rares trésors de l'esprit.

Il faudrait écrire des volumes, si l'on voulait donner un recueil complet des saillies de mademoiselle Brohan. Ce qui la distingue, c'est avant tout la vivacité du trait, l'inattendu de la réplique.

M. Scribe, à la première représentation

de *la Czarine*, entendit au fond du parterre quelques sifflets insolents, dont ses oreilles furent offusquées outre mesure. Il entra, rouge de colère, au foyer des acteurs, et dit, en levant au ciel ses mains frémissantes :

— Oh! ce public! il ne respecte même pas mes cheveux blancs !

— Aussi, dit Augustine, si vous m'en croyez, à la prochaine pièce vous les ferez teindre.

L'actrice a pour courtisan fidèle un comédien très-connu, mais d'une laideur désespérante.

— Hélas! Augustine, lui dit-il un jour, voilà bien des années que je vous aime! serez-vous éternellement inflexible?

— Non, dit-elle; attendez que je sois aveugle.

Un soir de réjouissance nationale, étant descendue aux Tuileries avec Augier pour voir la fête, ils se trouvent au milieu d'une foule qui ne leur permet ni d'avancer ni de reculer.

Devant eux un honnête couple bourgeois cherche vainement à sortir de la cohue.

Le mari semble fort jaloux et trouve ses voisins beaucoup trop près de sa moitié.

— Monsieur! crie-t-il tout à coup, en se retournant du côté d'Émile, vous venez de prendre.... la taille à ma femme !

— Par exemple, répond Augustine scandalisée, c'est impossible. Fouillez-le.

Sans contredit le plus joli mot de notre comédienne est celui dont elle s'est rendue coupable envers une jeune actrice du Théâtre-Français, très-connue pour son gracieux minois, mais dont l'esprit, si elle en a, se cache si obstinément qu'on ne l'aperçoit jamais.

Cette jeune élève de Thalie frappe un soir à la porte de la loge de mademoiselle Brohan, se nomme, et crie avec impatience :

— Ouvrez ! mais ouvrez-moi donc !

— Ah ! çà, dit Augustine, est-ce qu'elle me prend pour une écaillère ?

Éminemment artiste et bon garçon, Brohan donne volontiers le bras à tout le monde et fait monter dans sa voiture les amis qu'elle rencontre. Si vous ne connaissez pas l'anecdote du chapeau de Béchard, vous trouverez cinquante personnes qui vous la raconteront dans ses détails les plus pittoresques.

Ce pauvre Béchard, avec son feutre !

Un homme est assommé, quand il court sur lui de pareilles chroniques.

Augustine ne donne pas seulement à ses admirateurs des leçons d'esprit d'à-propos, elle leur enseigne au besoin les convenances et leur signale sans gêne un manque de tact ou une sottise.

Le comte de Sussy, trouvant notre comédienne fort à son goût, cherchait à la séduire par de grandes manières.

Traversant avec elle le pont des Arts, il jette une pièce de cinq francs à l'invalide et passe outre, sans attendre qu'on lui rende le surplus.

A l'autre bout du pont, un aveugle demande l'aumône à nos promeneurs.

— Vous avez eu tort, monsieur le comte, dit Augustine, de ne pas ramasser votre monnaie.

Tirant aussitôt sa bourse, elle jette un louis à l'aveugle.

Mademoiselle Brohan réunit dans une même personnalité Ninon de Lenclos, Sophie Arnould et madame de Staël. Comme la première, elle possède le double mérite de la délicatesse et de la grâce, et ne s'écarte jamais de la décence extérieure. Comme la seconde, elle a le génie pétillant de la réplique et du bon mot. Enfin on lui trouve l'élévation d'âme de l'auteur de *Corinne*, moins la pédanterie, dont elle se préserve toujours, quand il lui arrive de traiter avec autant de supériorité que de profondeur les questions littéraires et artistiques.

Chez mademoiselle Brohan la femme distinguée absorbe la comédienne.

On assure qu'elle prend pour devise avec un certain orgueil, dont personne ne la blâme, ce texte imité hardiment d'un vieux blason nobiliaire :

« Coquette ne veux, Soubrette ne
« daigne, Brohan suis. »

FIN.

d'autant plus que la pluie est compagne
— et si j'en excepte le plaisir de vous r'entendre
jurer, souffler, et — courir ma poste, la joue
Mme Rhum, affublée d'un rôle long comme d'ici
à Pâques et d'un lazatuguin doré qui
ferait pâlir vos fauteuils de francs, tout cela ne
vous fait pas la prière que vous quittiez vos arbres
qui poussent.

Machine vous remercie bien de votre dear
Polichinelle, il voudrait fort retourner
Clémentine, mais depuis qu'on vu la pièce
Oh Mr Feuilles, je ne tolère plus de semblables
immoralités.

Adieu, bétez vos fleurs et vos peints —
mais nous très prochainement avec les vers
Mille vieilles et fidèles amitiés.

[signature]

Le 20 avril

ERRATUM.

Dans notre dernier petit volume, page 84, ligne 13, l'imprimeur nous a fait dire que Proudhon avait été arrêté et conduit à Sainte-Pélagie, le 5 juin 1819. — Le héros de la notice aurait ainsi subi une condamnation à l'âge de dix ans, ce qui eût été la preuve d'une perversité politique bien précoce. — Il faut lire 1849.

VIENT DE PARAITRE

25 CENTIMES LA LIVRAISON AVEC GRAVURES

MÉMOIRES
DE
NINON DE LENCLOS

PAR

EUGÈNE DE MIRECOURT
Auteur des *Confessions de Marion Delorme*

2 volumes grand in-8° jésus, illustrés par J.-A. BEAUCÉ

Le succès obtenu par les *Confessions de Marion Delorme* nous décide à publier sans interruption un second ouvrage, qui en est, pour ainsi dire, le complément.

A l'étude si dramatique et si intéressante du siècle de Louis XIII, M. Eugène de Mirecourt va faire succéder l'étude du grand siècle, que mademoiselle de Lenclos a parcouru dans toute sa durée et dans toute sa gloire.

Nous allons retrouver ici, sous un autre point de vue et dans des circonstances différentes, beaucoup de personnages du premier livre, mêlés à de nouveaux drames et à des péripéties plus saisissantes peut-être. L'histoire de Marion Delorme finit à la Fronde; celle de Ninon de Lenclos traverse une période de soixante années au delà, marche côte à côte avec le siècle de Louis XIV, en coudoie toutes les illustrations, tous les héroïsmes, et s'arrête au berceau de Voltaire.

Nous ne négligerons rien pour donner à cet ouvrage, comme au précédent, tout le luxe typographique possible, et les dessins des gravures continueront d'être confiés au spirituel et fin crayon de M. J.-A. Beaucé.

La publication aura lieu également, soit par livraisons, soit par séries, au choix des souscripteurs.

CONDITIONS DE LA SOUSCRIPTION

Les Mémoires de Ninon de Lenclos, par Eugène de Mirecourt, formeront 2 volumes grand in-8°.

20 gravures sur acier et sur bois, tirées à part, dessinées par J.-A. Beaucé, et gravées par les meilleurs artistes, illustreront cet ouvrage, qui sera publié en 60 livraisons à 25 cent., et en 10 séries brochées à 1 fr. 50 c. chaque.

Chaque livraison contiendra invariablement 16 pages de texte. Les gravures seront données en sus. — Une ou deux livraisons par semaine.

L'ouvrage complet, 15 fr.

ON SOUSCRIT A PARIS

CHEZ GUSTAVE HAVARD, LIBRAIRE-ÉDITEUR

15, RUE GUÉNÉGAUD,

Et chez tous les Libraires de la France et de l'Étranger.

Paris. — Typ. Gaittet et C., rue Gît-le-Cœur, 7.

www.ingramcontent.com/pod-product-compliance
Lightning Source LLC
LaVergne TN
LVHW020159100426
835512LV00035BA/990